どっちを選ぶ？クイズで学ぶ！

こども防犯サバイバル

全3巻 内容説明

① 下校・留守番

・家のカギのもち方で
一番いいのはどれかな？

・知らないおじさんが「駅まで連れて
いって」といってきた。どうしよう？

・だれもいない家。
入るときにやるべきことって？

・留守番中にインターホンが鳴った！
どうしよう？　　　　　など

② お出かけ・外遊び

・公園で遊ぶ場所。
安心なのはどっち？

・遊んでいたら、トイレに
いきたくなった。どうしよう？

・ショッピングモールで
注意したほうがいい場所はどこ？

・家に帰るのがおそくなっちゃった。
どんな道で帰るのがいい？　　　　など

③ スマホ・SNS

・写真をSNSに投稿したい！
アップしてはいけないものは？

・SNSで悩みを聞いてくれるおねえさん。
じっさいに会ってもいい？

・買ったマンガ。みんなに見せるために
写真にとって投稿してもいいの？

・動画の再生ボタンをクリックしたら
お金を請求された！どうしよう？　　など

どっちを選ぶ？ クイズで学ぶ！

こども防犯サバイバル

監修 国崎信江
（危機管理教育研究所代表）

イラスト 大野直人

1

下校・留守番

日本図書センター

⚠️ はじめに ⚠️

　知らない人にどこかへ連れていかれたり、こわい目にあわされたり、とても残念なことですが、このようなこどもをねらった悪質な犯罪が、毎年のようにおこっています。みなさんも、テレビやネットのニュースで見て、「こわい！」「許せない！」と感じたことがあるのではないでしょうか？　また、ニュースにはなっていないけれど、大きな犯罪につながりかねない、あやしい人物による「声かけ」や「つけまわし」などの事件は、わたしたちの生活のなかで、じつはよくおこっているのです。

　この本に登場する2人の主人公にも、学校から下校しているときや、家で留守番をしているときに犯罪の魔の手がしのびよります。犯罪にあわないようにするには、どうしておけばいいのか？　もし危ない目にあいそうになったときは、どうすればいいのか？　みなさんも2人といっしょに、なにが正しいのか考えてみてください。

　この本を読んで、正しい防犯の知識を身につけておけば、ふだんからどこでどのような犯罪がおこりえるのかイメージできるようになります。そして、それは犯罪を遠ざけ、大切な自分を守ることにつながるのです。この本がみなさんの身と心の安全に少しでも役立つことを祈っています。

危機管理教育研究所代表　国崎信江

この本の見方

防犯の知識や、危険がせまったときの正しい行動をクイズにしているよ。

問題のむずかしさを3段階で表示しているよ。

問題の答えをイラストとともに紹介するよ。

問題1 いざというとき、役に立つ防犯ブザー。どうもっていればいいの?

むずかしさ ★★★

A 見えない場所にかくしておく
B いつでも使える場所につけておく

答え B いつでも使える場所につけておく

防犯ブザーはすぐ使えるようにしておこう

防犯ブザーは、悪い人におそわれそうになったとき、役に立つアイテムだよ。大きな音でまわりの人たちに、自分の危険を知らせることができるからね。でも、ただもっているだけではダメなんだ。悪い人がいつおそってきても自分を守れるように、すぐに鳴らせる場所につけておくことが大切だよ。
電池が切れていたり、こわれたりしていないか、しっかり確認しておくことも忘れないようにしよう。

こわくて声が出せないときに、役に立つよ

クイズ深掘り! 防犯ブザーはいつ鳴らす?

知らない人にどこかへ連れていかれそうになったときは、まよわず防犯ブザーを鳴らそう。自分の身を守ることは、なによりも大事。だから、「まちがったらいけない」なんて考えなくていいよ。少しでも「こわい」「おかしい」と感じたら、すぐに鳴らしていいんだ。

10　11

問題の選択肢だよ。どちらが正しいか自分で考えてみよう。

答えについてくわしく説明しているよ。

問題に関係することがらを紹介するコラムだよ。

コハル

この本の主人公の1人。
しっかりした性格で用心深い女の子。

トウマ

この本の主人公の1人。
コハルの同級生で少しこわがりな男の子。

サバイバルマスター

防犯について知りつくしたアドバイザー。

もくじ

帰りの会

はーい！みなさん注目！

先生から大事な話がありまーす！

最近、学校のまわりであやしい行動をする不審者が出ています

なので、みなさん十分に気をつけてください！

それではまたあした！

ヒヒッ

悪いことしちゃうぞ〜

ぞ——っ

6

先生 さよならー

・・・

トウマどうしたの？ なんか元気ないね…

あっ…コハル… さっきの先生の 話だよ…

なんか こわくて…

ほんと だよね…

わたしも悪い人に おそわれないか いろいろ不安に なってきちゃった…

まてー‼

キャーッ

うん… わかる…

いざというとき、役に立つ防犯ブザー。
どうもっていればいいの？

むずかしさ ★ ★ ★

A 見えない場所に
かくしておく

B いつでも使える場所
につけておく

ねぇちょっと
こっちにおいで

こわくて声が出せないときに、役に立つよ

防犯ブザーはすぐ使えるようにしておこう

　防犯ブザーは、悪い人におそわれそうになったとき、役に立つアイテムだよ。大きな音でまわりの人たちに、自分の危険を知らせることができるからね。でも、ただもっているだけではダメなんだ。悪い人がいつおそってきても自分を守れるように、すぐに鳴らせる場所につけておくことが大切だよ。

　電池が切れていたり、こわれたりしていないか、しっかり確認しておくことも忘れないようにしよう。

クイズ深掘り！

かわいい
ネコがいるよ
あっちいこう

防犯ブザーはいつ鳴らす？

　知らない人にどこかへ連れていかれそうになったときは、まよわず防犯ブザーを鳴らそう。自分の身を守ることは、なによりも大事。だから、「まちがったらいけない」なんて考えなくていいよ。少しでも「こわい」「おかしい」と感じたら、すぐに鳴らしていいんだ。

1人で道を歩くときは、どんな歩き方をすればいい？

むずかしさ ★ ★ ★

A まわりをよく見て歩く

B 足元を見ながら歩く

安全を確認しながら早足で歩こう

安全は自分の目で見て確かめよう！

　1人のときは、まわりをよく見て歩くことが大事。おかしな行動をしている人や、あやしい車など、まわりの危険にいち早く気づくことができるよ。そして、犯罪からも身を守れるんだ。早足で歩くようにすることも大事だよ。まわりを見ながら早足で歩いているこどもには、悪い人も声をかけにくいからね。

　足元ばかり見て歩くと、まわりのようすがわからなくなり、犯罪や事故にあいやすくなるから、やめておこう。

クイズ深掘り！

声をかけられにくくするくふう

　犯罪から身を守るには、悪い人に声をかけられにくくするくふうも必要。名前を知られると声をかけられやすくなるから、かさや手さげ袋などは外から見えない場所に名前を書こう。

　友だちと話すときも、おたがいの名前を大声で呼びあうことはやめておこうね。

問題 3 家のカギのもち方で一番いいのはどれかな？

A 首から下げておく

A〜Cから正しいものを
1つ選んでね

まわりに人がいたら、
カギは使わない！

カギはまわりから見えず、すぐ使えるように

　カギのもち方でやってはいけないのは、首から下げておくこと。まわりからカギが見えて、留守番することがわかってしまうよ。それに、ひもで首がしまる事故にもつながるから絶対にやめよう。カバンのおくにしまっておくのもダメ。カギを開けるとき探すのに時間がかかって、家におとながいないことが、まわりの人にばれてしまうからね。ひもをつけてカバンのポケットに入れておけば、まわりから見えずすぐに使えて安心だよ。

クイズ深掘り！

リールつきキーケースがおすすめ

　のびちぢみするリールのついたキーケースは、カギをしまうのにちょうどいいよ。カギが外から見えないし、さっとのばして使えるから安全なんだ。キーケースはカバンの外につけてもいいけど、カバンのポケットのジッパーにつけて、ポケットに入れておくとより安全だよ。

カギをなくしてしまったら？

カギをなくしたときは、家の前で家族を待ったり、道をもどってカギを探したりしてしまいがちだけど、それはとても危険。

1人で外にいる時間が増えて、悪い人にねらわれやすくなるよ。安全な場所で、家の人がむかえにきてくれるのを待とう。

こんなところで待たせてもらおう！

カギをなくして家に入れないときは、図書館や児童館など、公共の施設で待たせてもらおう。近所の友だちの家でもいいよ。帰宅して、きみがいないことを家族が心配しないように、電話で自分がいる場所を伝えるのは忘れずにね。

必ずおとなのいる安全な場所で待とう！

図書館

児童館

友だちの家

知らないおじさんが「駅まで連れていって」といってきた。どうしよう？

むずかしさ ★ ★ ★

A 連れていく

B おとなにまかせる

おとなに
まかせる

おとなのこまりごとは、おとなにまかせよう

こまっている人がいたとき、「助けてあげたい」と思うのはすてきなこと。でも、こどもがおとなを助けようとするのはとても危険なんだ。なぜなら、悪い人がこどもに近づこうと、こまったふりをしている場合があるからね。だから、けっして自分で助けようとしないで、まわりにいるおとなにまかせよう。

人をうたがうのは気がすすまないかもしれないけど、悪い人はいろいろな方法で近づいてくる。だから、注意が必要なんだ。

絶対に自分だけで
助けようとしないこと！

クイズ深掘り！

1人のときは声をかけられやすい

悪い人は、こどもが1人でいるときに話しかけてくることが多いよ。こども1人でいるときのほうが、悪いことをするとき、いろいろ都合がいいと思っているからなんだ。

だから、友だちと別れた帰り道なんかは、とくに気をつけるようにしよう。

知らないおばさんが「家族が事故にあった」といってきた。どうしよう？

「家族に連絡する」と答える

「家族が事故」も、悪い人がよく使う手だよ

あわてずに家族に連絡をとろう

悪い人は「知りあいのふり」をして、こどもに話しかけてくることもあるよ。ときには「家族が事故にあった」とうそをいい、病院へ連れていくふりをして、ゆうかいすることもあるんだ。

もし、知らない人から「家族が事故にあった」と聞かされたら、あわてずに家の人に連絡をしよう。そして、その話が本当かどうかを確認するんだ。まちがっても、いわれるままについていってはいけないよ。

クイズ深掘り！

雨がふってきたからかさに入れてあげるよ

アイドルのグッズほしくないかい？

相手の態度や話にまどわされない

悪い人は、「親切なふり」や「こどもが好きなものの話」をしながら近づいてくることもあるよ。親切そうな人や、自分の好きなものの話をしてくる人だと、こどもは危険に対する注意を忘れると考えているからね。相手がどんな話をしてきても、注意を忘れないようにしよう。

問題 6

知らない人と話すとき、注意することって？

むずかしさ ★★★

なにに注意しなきゃ
いけないのかな？

A ふれられないくらい
はなれる

B 顔をおぼえるため
近づく

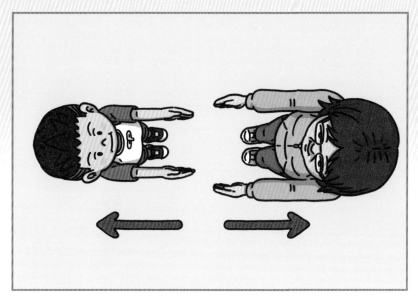

もしものときに備えて、間をあけておく

やさしい態度で話しかけてくる人でも、もしかしたら悪い人かもしれない。だから、もし相手が自分の手をつかもうとしても逃げられるように、少しはなれたところにいるようにしよう。

はなれるときは、「おたがいが前にならえをしても、手がふれないくらい」間をあけるのがポイント。そうしておけば、相手がすぐに自分の手をつかむことはできないから、いざというときに逃げることができるんだ。

やさしそうに見えても、知らない人には注意！

クイズ深掘り！

こどもの力ではおとなに勝てない

「危ない目にあったときは戦う！」なんて、アニメやゲームみたいなことを考えるのはとても危険。こどもの腕力では、おとなにかなわないから、必ず悪い人に負けて、つかまってしまうよ。それは相手が男でも女でも同じなんだ。

戦わずに逃げることがなによりも大事だよ。

近所でよく見かけるお兄さんがカードゲームをくれるって。どうする？

むずかしさ ★★★

ねぇ！このカードいる？

あっ！近所で見かけるお兄さんだ…

A お礼をいって、もらう

ありがとうございます　もらいます

B 「いらない」と、ことわる

いりません！

答え
B

「いらない」と、ことわる

知っている人だと思って、ついていくと犯罪にあうことも

「よく見かける人」は「知らない人」

「知らない人からものをもらってはダメ」——これはよく聞く話だよね。では、「よく見かける人」ならどうだろう。それなら、もらってもいいと思うかもしれないけど、ダメなんだよ。

なぜなら、よく見かけるからといって、その人のことをよく知っているわけじゃないから。きっと名前とか人がらとか、知らないことのほうが多いはずだよ。もしかしたら悪い人かもしれないから、よく見かけるというだけで、近づくのはやめよう。

クイズ深掘り！

いらっしゃい！
おとどけものでーす！

近所のお店の人は？
宅配便の人は？

「知っている人」って、どんな人？

「知っている人」だと、かんちがいしやすい人はけっこういるよ。つぎの5つのポイントが全部当てはまれば、知っている人といえるよ。
①名前を知っている　②家を知っている　③その人の家族を知っている　④その人の仕事を知っている　⑤親もその人のことを知っている

マンションで、とくに犯罪にあいやすい場所はどっち？

むずかしさ ★ ★ ★

A エントランス

B 駐車場・駐輪場

外から見えにくく、人がいない場所は危険

マンションの駐車場や駐輪場は、外からは見えにくく、人もあまりいないので、犯罪をおこすのには都合がいい場所だよ。とくに、住人じゃなくても自由に出入りできるような駐車場や駐輪場は要注意。悪い人がしのびこんできやすいからね。

悪い人は明るくて人目の多い場所をさけるから、いつも照明がついていて人の出入りが多いエントランスは、マンションのなかでは安全なほうだといえるよ。

駐車場や駐輪場は、よく犯罪がおこる場所だよ

ゴミ置き場や階段にも注意

マンションには、とびらのついたゴミ置き場が設置されているところもある。そんな場所はだれでも入れて人目につかない場所なので、悪い人がかくれている可能性もあるよ。

そのほかに、マンションの階段も人目につかないから注意が必要だよ。

クイズ深掘り！

すぐに逃(に)げられる入(い)り口(ぐち)近(ちか)くに立(た)とう

エレベーターは、外(そと)からなかのようすが見(み)えず、とびらがしまると逃(に)げにくいから、悪(わる)い人(ひと)が犯罪(はんざい)をするのに都合(つごう)がいい場所(ばしょ)だよ。だから、できるだけ1人(ひとり)で乗(の)らないようにしよう。

もし1人(ひとり)で乗(の)るときは、入(い)り口(ぐちちか)近くのボタンの前(まえ)に、背中(せなか)をかべに向(む)けて立(た)つといいよ。そうすれば、あやしい人(ひと)が乗(の)ってきてもすぐに降(お)りられるし、あやしい人(ひと)と2人(ふたり)きりになってしまっても、ボタンを押(お)して、止(と)まった階(かい)で降(お)りることができるよ。

かべを背(せ)にして立(た)てば、
なかを見(み)わたせるから安心(あんしん)だ！

クイズ深掘(ふかぼ)り！

いざというときは非常(ひじょう)ボタン

エレベーターには非常(ひじょう)ボタンがついているよ。悪(わる)い人(ひと)におそわれそうになったときはもちろん、「こわい」と感(かん)じたときは、まよわず、すぐに非常(ひじょう)ボタンを押(お)そう。

長(なが)く押(お)し続(つづ)けると管理会社(かんりがいしゃ)につながって、助(たす)けを呼(よ)ぶことができるんだ。

はでな服装の人、学生、黒ずくめの人、宅配便の人、外国人

悪い人は見た目ではわからない

悪い人は、見た目や年れい、性別、国籍、職業などではわからないよ。やさしそうに見える人や、まじめに働いている人が、じつは悪い人だった、ということもあるからね。だから、知らない人と接するときは、用心しておいたほうがいいんだ。

必要以上にこわがらなくてもいいけれど、見た目や年れいなどで安心して、知らない人に近づきすぎると、危ない目にあう可能性もあるから、やめておこう。

反対に見た目がこわくても、悪い人とは限らないよ

クイズ深掘り！

モデルにならない？事務所までおいでよ！

行動を見て判断しよう

悪い人は見た目ではわからない。でもその人の行動を見れば悪い人かどうか、わかることもあるよ。こどもが1人でいるときに限って話しかけてきたり、人目につかない場所で2人きりになりたがったりするのは悪い人の特徴。そんな人がいたら近よらないようにしよう。

マンションのなかは安全？

マンションには自分の家もあるし、建物のなかだから安全だと思いがち。でも住んでいる人だけでなく、宅配便の配達の人や引っ越し屋さんなど、いろいろな人が出入りしているから、じつは、あまり外と変わらないんだ。けっして油断はできないよ。

宅配便の人

おそうじ屋さん

引っ越し屋さん

設備を点検する人

マンションのなかはいろんな人が出入りしているぞ！

オートロックを信用しすぎない

サササッ

オートロックの自動ドアは、カギをもっている人しか開けられない。だから悪い人は入ってこられないと思うかもしれないけど、そうでもないよ。住んでいる人が通った後、自動ドアは少しの間開いているから、悪い人が入りこむことができてしまう。それに、引っ越しやそうじのときは作業をする人が自動ドアを開けっぱなしにすることもあるからね。

だれもいない家。
入るときにやるべきことって？

むずかしさ ★★★

A 大きな声で「ただいま」という

B 音を立てず、そっと入る

大きな声で「ただいま」という

人に聞こえるように元気よくいおう！

家に家族がいるようによそおう

だれもいない家に帰ってきたときは、大きな声で「ただいま」といいながらなかに入ろう。なにもいわずに、そっと入るすがたを悪い人が見ていたら、家族が留守だとばれて危険だよ。1人で留守番をしているこどもは、悪い人にねらわれやすいからね。

大きな声で「ただいま」といえば、家族が留守にしていても、家にいると思わせることができるよ。だから、悪い人から身を守ることができるんだ。

クイズ深掘り！

家に入る前にまわりを確認する

「ただいま」といって家に入る前には、必ずまわりを見よう。もし、悪い人が後をつけてきていたら、ドアを開けたとたん、後ろから押しこまれて、家に入られてしまうかもしれないんだ。だから、あやしい人がそばにいないか確認することが大事なんだよ。

留守番中にインターホンが鳴った！どうしよう？

むずかしさ★★★

A インターホンに出る

B しらんぷりする

しらんぷりする

インターホンには絶対に出ない

　留守番中にインターホンが鳴っても、けっして出てはいけないよ。出ると、こどもが1人で留守番している家だと、相手にばれてしまうからね。もしインターホンを鳴らしたのが悪い人だったら、とつぜん家に入ってきて、危険なことをしようとするかもしれないよ。だから、1人のときは、インターホンには出ない。そして、だれも家に入ってこないように、家のカギをしっかりかけておく。おぼえておこう。

出ないといけない
用事なんかないぞ！

クイズ深掘り！

トゥルルル

電話がかかってきても出ない

　留守番をしていると、電話がかかってくることもある。そんなときも、電話には出ないようにしよう。もし出たら、家にこどもしかいないことが相手にばれてしまうかもしれないからね。
　急ぎのときは携帯電話にかけてくる人も多いから、家の電話は無視してもだいじょうぶだよ。

問題 13

犯罪にあわないように、ふだんからやっておくことは？

むずかしさ ★★★

A 郵便受けのなかを空にしておく

こうしておけば…

B 窓を少しだけ開けておく

こうしておけば…

38

郵便物がたまっているとねらわれやすい

郵便受けに手紙や新聞などがたまっていると、留守にしがちの家だと思われるよ。留守の家は悪い人が、どろぼうをするのに都合のいい場所。だから留守にしがちと思われるのは、とても危険なんだ。郵便受けのなかはいつも空にしておこう。

「窓を開けておけば、なにかあったとき逃げやすい」と思う人もいるかもしれないけど、開いている窓から悪い人が入ってくるから絶対にダメ。窓やドアにはしっかりカギをかけておこう。

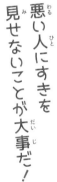

悪い人にすきを見せないことが大事だ！

クイズ深掘り！

留守だとわかってしまうポイント

郵便物のほかにも、悪い人に目をつけられやすいポイントがあるから気をつけよう。

たとえば、雨なのに洗たく物がほしっぱなしになっていたり、ドアの前に宅配便の荷物が置きっぱなしになっていたりすると、留守だとわかって悪い人にねらわれやすくなるよ。

問題 14

後ろに人の気配を感じる。
どうしたらいいの？

むずかしさ ★★★

A ふり返って確認する

B 早足で歩く

けいかいしていることをアピールしよう

用心していないこどもがねらわれるぞ！

　悪い人は後ろからおそってくることも多い。だから、後ろに人の気配を感じたら、ふり返って確認しよう。悪い人が後をつけてきていても、何度もふり返っているこどもは用心深いと思われて、おそわれにくくなるよ。もし、おそってきたとしても、後ろを確認しながら歩いていれば、すぐに逃げられるんだ。
　大事なのは、自分がけいかいしながら歩いていることを悪い人にわからせることだよ。

クイズ深掘り！

カーブミラーやガラスも活用しよう

　後ろを確認するときは、道路に立っているカーブミラーなども役に立つよ。後ろに人がいる気配がしても、こわくてふり返れないときは、カーブミラーやお店の窓ガラスを見れば後ろのようすがわかることもあるんだ。もし、あやしい人が映っていたら、すぐに逃げよう。

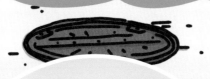

おそわれそうになったとき、
逃げこむのによいのはどこ？

むずかしさ ★★★

A　交番

B　コンビニ

おとながいるところへ逃げこむ

おそわれそうになったり、こわいと感じたりしたときは、おとながいる安全な場所に逃げこむことが重要だよ。おまわりさんのいる交番が一番いいけど、いつでも開いているコンビニや、おとなが必ずいる病院や図書館も逃げこむのにいい場所なんだ。そんな場所が見つからなかったら、近くの家に逃げこもう。

空き家は人がいないし、人目につかないからかえって危険。絶対に逃げこんではいけないよ。

逃げこむのによさそうな場所を調べておこう！

クイズ深掘り！

あら
こんにちは

こんにちは！

近所の人となかよくなっておこう

近くの家に逃げこむとき、その家にどんな人がいるのかわからないと、ためらってしまうよね。だから家族と話しあって、近所の人たちのことを知っておこう。そして、その人たちにあいさつをして、なかよくなっておけば、いざというときに、助けてもらえるから安心だよ。

こども110番の家ってなに？

「こども110番の家」は、こどもの安全を守ることに協力している家やお店などのことだよ。こどもがこわい目にあったときに、逃げこむことのできる安全な場所なんだ。目印になるステッカーがはってあるから、近所にないか確認してみよう。

いろいろある「こども110番の家」

「こども110番の家」は、「ゆうかいされそう」「知らない人に声をかけられた」など、こどもが「こわい」と感じたときに逃げこめる家。そこではこどもをやさしく保護してくれて、家族や警察、学校などに連絡してくれるんだ。

「こどもを守る家」など地域によって名前はちがうけど、役割は同じ。家のほかに、お店や駅、タクシーなどがその役割をしているよ。

こどもだけじゃなく、女性や高齢者など、いろんな人が逃げこんでいいんだよ

タクシーこども110番

こども110番の駅

こども110番の店

きっさ店やそば屋などの飲食店のほか、塾、スポーツ用品店、不動産屋、会社など、いろいろなところが協力しているよ。

こわい目にあったときは、どうすればいい？

むずかしさ★★★

A　きちんと家の人に伝える

B　心配かけないようにだまっておく

じつはママ…
こんなことが
あって…

・・・・

こわかった…

教えてくれて
ありがとう
もう
だいじょうぶよ

きちんと家の人に伝える

勇気を出して
ちゃんと話そう！

伝えたほうが家の人も安心する

「変な人に話しかけられた」「あやしい人に追いかけられた」など、こわい思いをしたときは、きちんと家の人に伝えよう。「心配かけたくないから、伝えたくない」なんて考える人もいるかもしれないけど、それはまちがいだよ。なぜなら家の人は、こどもをあらゆる危険から守りたいと思っているからね。

それに家の人に話をすることで、その情報が近所の人にも伝わり、ほかのこどもが同じ目にあうのを防ぐこともできるんだ。

電話で話をすることもできる

こわい思いをしたことを、どうしても家の人に話せないときは、学校や学童クラブの先生に話してもいいよ。もし、直接会って話すのがつらかったら、左の番号に電話をかけてもいい。専門の人がいろいろな悩みの相談にのってくれるよ。おぼえておこう。

クイズ深掘り！

24時間子供SOSダイヤル
0120-0-78310

こどもの人権110番
0120-007-110

こどもをねらう犯罪が おこりやすい時間はいつかな？

むずかしさ ★ ★ ★

朝

昼

夕方

夜

いつ だろう？

う～ん

A 午後3時から 午後6時

B 午後6時から 午後9時

こどもが1人でいる時間がねらわれやすい

こどもをねらう犯罪がおこりやすいのは、午後3時から午後6時ごろ。この時間は、学校帰りや習い事、外遊びなどで、こどもが1人で出歩くことが多いよ。悪い人はそんなこどもをねらうから、この時間に犯罪がおこりやすいんだ。おぼえておこう。

もちろん、夜おそい時間でも、こどもをねらった犯罪はおきているよ。暗い夜は昼間にくらべて、人目につきにくいから、とても危険。だから夜はなるべく出歩かないようにしよう。

夕方1人で歩くときは
要注意だ！

クイズ深掘り！

朝の登校時間も犯罪が多い

こどもをねらった犯罪は朝の7時から8時にもよくおきているよ。学校にいくとき、1人で歩いていると悪い人にねらわれやすいから、友だちといっしょに登校するようにしよう。

朝おきたばかりだと頭がぼおっとして用心を忘れてしまうから、早おきすることも大切だよ。

ひょっとしたら
ぼくのかんちがい
だったかも
しれないし…

いやいや
すぐに逃げて
正解だって!

万が一って
こともあるし…

とにかく無事で
よかったわ

わたしなんてこわかったから
きのうは帰り道も、留守番も
めちゃくちゃ用心したのよ!

キョロ　キョロ

ピンポーン

ムシ
ムシ

すぐにカギをしよう!

カチ

ただいまー!

それは
すごいねー

たしかに
防犯に
やりすぎは
ないかも!

そうよ!

もっと防犯について学んで
自分のことを守っていかなきゃ!!

オーッ!!

51

防犯のポイント

この本を読んで、犯罪から身を守るためには日ごろの注意が大切だってことがわかったかな？最後に、注意するポイントをまとめたから、もう一度よく確認しておこう。そして、学校のいき帰りや留守番のときに思い出せるようにしようね。

防犯で
大事なことを
おさらいしよう！

 ## あやしい人の行動パターン

悪い人かどうかは見た目ではわからないよ。でも、悪いことをする人には、行動パターンに特徴がある。だから、それをおぼえておけば、犯罪から自分を守ることができるよ。

こういう行動をする人はあやしい

1人のときに声をかけてくる

こどもが1人でいるときに声をかけてくる人は、悪いことをたくらんでいる可能性が高いよ。相手が1人のほうが悪いことをしやすいからね。こういう人には、とくに注意しよう。

2人きりになりたがる

まわりに人がいない場所にこどもをさそって、2人きりになろうとする人は要注意。だれにも見られない場所で悪いことをするのが目的かもしれないよ。絶対に断わろう。

車のなかから声をかけてくる

こどものそばで車をとめて声をかけてくる人は、こどもを車のなかに連れこもうとしているのかもしれないよ。もし声をかけられたら、聞こえないふりをして、無視しよう。

悪い人の声のかけ方

悪い人がこどもに声をかけるとき、その声のかけ方にも、いくつかの特徴があるよ。どれもこどもが気をゆるしたり、あせったりしてしまうような方法だから、だまされないようにしよう。

悪い人はこんなふうに声をかけてくる

こどもの好きな話をする

　ゆだんさせるために「人気のカードをあげる」とか「モデルにならない?」とか、こどもの好きな話題で声をかけてくることがあるよ。自分の好きな話をされても、注意を忘れないようにしよう。

こまっているふりをする

　悪い人は、「道にまよった」「駅まで連れていって」など、こまっているふりをして声をかけてくることもあるよ。そんなときは、助けてあげたい気もちをおさえて、近くのおとなにまかせよう。

親切なふりをする

　親切なふりをして声をかけてくるのも、悪い人がよく使うやり方だよ。たとえこまったことがあったとしても、知らない人をたよってはダメ。家の人や知っている人をたよるようにしよう。

知りあいのふりをする

　悪い人は、知りあいのふりをして声をかけてくることもあるよ。本当に知りあいなのか家の人に確認しよう。確認できないときは、「家の人に聞いてみる」といって、その人からはなれよう。

留守番をするときの注意点

悪い人に、家に1人きりでいることを知られると、ねらわれる可能性があるよ。だから留守番をするときは、自分が留守番をしていることを悪い人に気づかせないことが重要だよ。

留守番で忘れずにすること

家に入るときは「ただいま」をいう

家の人がいなくても、「ただいま」といいながら家に入ろう。だまって入るところを悪い人に見られたら、1人で留守番することが、ばれてしまうかもしれないよ。

ドアや窓に必ずカギをかける

家に入ったら、必ずドアにカギをかけよう。ドアガードもかけておくほうがいいよ。窓にもきちんとカギをかけて、悪い人がしのびこめないようにしよう。

インターホンや電話には出ない

留守番中にインターホンや電話が鳴っても、出ないようにしよう。それらに出ることで、相手に留守番していることがばれるおそれもあるからね。

インターホンや電話に出てしまったときは…

うっかりインターホンや電話に出てしまったときは、家の人が留守なのはひみつにして、「今いそがしくて出られない」といおう。

お母さんは今手がはなせません！

危ない目にあったときは

悪い人に追いかけられるなど、危ない目にあったときは、必ず身近なおとなに話そう。きみが勇気を出して話せば、ほかの子が同じような目にあうのを防ぐこともできるんだ。

信頼できるおとなに話す

家の人に話す

危ない目にあったら、すぐに家の人に話そう。はずかしいと感じたり、心配かけたくないと思ったりして、話せない人もいるかもしれないけれど、話してもらったほうが家の人は安心するんだ。それに話すことで、その情報が近所の人にも伝わり、ほかの子が危ない目にあうのを防げるよ。

警察に相談する

家の人に話した後は、警察に通報してもらおう。警察に話すときは、警察の人の質問に、できるだけ正確に答えるようにしよう。自分が思い出したり話したりするのがつらい部分は無理に話さなくてもいいんだ。警察に通報しておくと、同じようなことがおこる可能性も低くなるよ。

警察に話すときのポイント

警察にいく前に、できごとを右のように整理しておくと、警察の人の質問にスムーズに答えることができるよ。話す内容を紙にメモしてもっていってもいいね。

いつのできごとか

どこでおこったのか

どんな相手だったか
（性別・服装・髪型・何歳くらいか）

どんなことをされたか

▲ 監修者

国崎 信江（くにざき・のぶえ）

危機管理教育研究所代表。危機管理アドバイザー。女性・母親の視点から防犯・防災対策を提案し、全国で講演するほか、テレビ・新聞・雑誌を通じて普及啓発をしている。メディア出演多数。おもな著書・監修書に『狙われない子どもにする！ 親がすべきこと39』（扶桑社）、『こどもあんぜん図鑑』（講談社）、『こどもぼうはんルールブック おまもりえほん』『じぶんをまもるチカラがみにつく！ ぼうはんクイズえほん』（ともに日本図書センター）など。

▲ イラスト	大野直人
▲ ブックデザイン	ムシカゴグラフィクス（池田彩） 釣巻デザイン室
▲ DTP	有限会社エムアンドケイ（茂呂田剛・畑山栄美子）
▲ 編集	大沢康史
▲ 企画・編集	株式会社 日本図書センター

※本書で紹介した内容は、
　2023年11月時点での情報をもとに制作しています。

どっちを選ぶ？ クイズで学ぶ！

こども防犯サバイバル
①下校・留守番

2024年1月25日　初版第1刷発行

監修者	国崎信江
発行者	高野総太
発行所	株式会社日本図書センター 〒112-0012 東京都文京区大塚3-8-2 電話　営業部　03-3947-9387 　　　　出版部　03-3945-6448 HP　https://www.nihontosho.co.jp
印刷・製本	図書印刷 株式会社